# 『元気が出る　えごま料理』正誤訂正

本書に下記の誤りがありました。訂正いたします。

78ページ　日本エゴマの会の一覧・下から４箇所め
「奥出雲エゴマの会」の電話番号

| 誤 | 正 |
| --- | --- |
| 0854-52-0762 | 0854-52-1707 |

54010131

油も実も葉もおいしい

# 元気が出る えごま料理

田中敦子 著

農文協

この本にはえごまの新しい料理のみならず、
伝統的な人気料理も紹介されています。
えごま料理を始める方には欠かせない手引きです。
えごまの油、粒、葉のそれぞれの特性を生かした、
シンプルでやさしい料理は喜びと元気を与えることでしょう。
この本によってえごまが食生活に取り入れられ、
ひろがることを期待しています。

日本エゴマの会　代表責任者　村上　守行

# 目次

撮影：スタジオマックス 武智 正信／食器協力：袖師窯

## 本書で使うだし汁・スープの作り方

### だし汁

**材料 作りやすい分量**

かつお節…20g
だし昆布（5センチ角）…2枚
水…5カップ

**作り方**

① 鍋に水、だし昆布を入れ、1時間以上つけて弱火にかけ、沸騰する直前まで煮て旨味を煮出す。
② ①を沸騰させてかつお節を入れ、一煮立ちしてから火を止め、表面に浮いているかつお節が沈んだら漉す。

### 鶏ガラスープ

**材料 作りやすい分量**

鶏ガラ…1羽分
しょうが（1ミリスライス）…3枚
ねぎ（青い部分）…2本分
塩…小さじ1/2
こしょう…少々
水…6カップ

**作り方**

① 鍋に水、鶏ガラ、しょうが、ねぎを入れ、沸騰したら弱火にして30分煮出す。
② ①を漉し、塩、こしょうをする。

# 「えごま」ってなあに？

スーパーやデパートの食用油売場で「えごま油」を見かけたことがありませんか？韓国料理店でしその葉っぱのような「えごまキムチ」を食べたことのある人も多いでしょう。直売所で「ごま」とは明らかにちがう丸い粒々の「えごま」を見かけることもあると思います。

この「えごま」、縄文時代から日本人に利用されてきた歴史のある植物ですが、栽培も利用もとても少なくなっていました。でも、えごまに含まれる成分に多くの健康機能があることがわかり、再び熱い注目を浴びています。

この本は、そんな「えごま」をもっと身近に活用してもらうための本です。ぜひ、懐かしくて新しいおいしさを楽しみながら健康を手に入れてください。

●えごまのプロフィール

えごまは東南アジアなどを原産地とする1年草です。名前からはごまの仲間かと思われますが、しその仲間です。日本では「荏胡麻」と書き、古くから栽培・利用されてきました。「じゅうねん」など地方ごとの呼び名もたくさんあります。畑の条件をあまり選ばず病気や害虫も少ないので栽培しやすく、えごまを地域の特産にしようとする町や村も増えています。

## ●実（種子）

ごまと同様に白い種類と黒っぽい種類がありますが、形は丸みを帯びて、やや大きめです。育てるのはそれほど難しくないえごまで、もっとも苦労するのが実の収穫。熟した実は風が吹いただけでもパッと散ってしまうので、収穫時期の見極めと収穫方法には慎重さが要求されます。

## ●油

実をしぼってとった油は、昔は食用だけでなく灯りの燃料や傘・雨具などの防水塗料としても広く利用されました。この油にはα-リノレン酸という成分が多く含まれており、この成分をとっていると、血液をサラサラにしたりアレルギー反応を起こりにくくしたり、ガンの発生や転移を抑えるなど、現代病の多くに効果が期待されています。大豆やコーン、菜種ほどには大量生産されていないのでまだ割高ですが、大事に使えばちょっと油をとりすぎの現代の食生活の見直しにもなるかもしれません。

## ●葉

しその葉よりも厚く、独特の苦みがさわやかなえごまの葉は、韓国ではポピュラーな野菜です。α-リノレン酸やロスマリン酸を含んだ緑黄色野菜として、もっと積極的に食べたいもの。まだ出回り量も時期も限られていますが、いちばん簡単なのはプランターで自給すること。

# えごまのかしこい・おいしい食べ方

### ●油は生に近い状態で食べるのがベスト

バージンオリーブオイルと同じで、えごま油は生で食べるのが風味も機能性もベストの状態です。加熱するとα-リノレン酸が減っていったり、臭いが出てくる場合がありますので、出来上がった料理にかけたり、汁物などの中に入れて食べるのが効果的。その分、炒め物や揚げ物を少し減らすと、現代人はとりすぎのリノール酸も減らせます。

### ●おすすめはドレッシング

えごま油は、ほんのりさわやかな草の香り、ふわっとやさしい甘みを感じます。食材の旨味を引き出してくれるので、香り高く旨味たっぷりのプレミアム・ドレッシングを楽しんでください。

### ●プチプチ楽しい「粒」レシピ

煎ればそのまま食べられるえごまの実。料理に使えばプチプチとした食感が楽しく、香ばしさも高まります。

## ●懐かしい・新しい「すりえごま」

煎ったえごまをすると、和え物など何にでもかけて美味しくいただけます。味噌と合わせたえごま味噌は日本の伝統的な和え衣。ほかにも麺に混ぜ込んだりスープに入れたり、新しいおいしさもたくさん。

## ●苦みさわやか 栄養ぎっしり えごまの葉

えごまの葉はしその葉に比べて大きく厚みもあり、他の食材などを包みやすく、油との相性もよいので包み焼きなどもおすすめです。

## ●醤油漬け・塩漬け・キムチ漬け

生の葉は季節限定ですが、調味料に漬けておけば簡単に保存ができておいしさも広がります。さわやかな香りは残るし、料理のアクセントに重宝します。

## ●利用法が広がる「えごまパウダー」

えごまの葉のパウダーが販売されています（問い合せ先は76ページ）。そのまま青汁として飲んでもいいし、お菓子作りや料理にも使うことができます。入手しにくければ生の葉を絞った汁でも作れます。

# 旨味を引き出すえごま油で
# プレミアム・ドレッシング

えごま油は、「ごま油のコクのある風味」「オリーブ油のフルーティーな香り」と違って、ほんのりさわやかな草の香り、ふわっとやさしい甘みを感じます。さらっとしていて控えめな味と香りですが、食材の旨味を引き出してくれます。この油にいろいろな香辛料を漬けて、香り高く旨味たっぷりのプレミアム・ドレッシングを作ってみましょう。

## 唐辛子オイル

唐辛子のカプサイシンで健康増進。辛さは唐辛子の本数で加減して。粉唐辛子でも作れます。味噌汁や豚汁にかけても。

**材 料**

えごま油…1/2カップ（100cc）
赤唐辛子…1本

**作り方**

えごま油に半分に割って
種を取った赤唐辛子を漬ける。
1日目から使用できる。
冷蔵庫で1ヵ月程度保存可。

# えびご飯

中華風でえびの旨味とオイスターソースの
旨味がたっぷり。ピリ辛が美味しいピラフの
ような炊き込みご飯。

**材料 2〜3人分**

米…2合
むきえび…100g
オイスターソース…大さじ1
鶏ガラスープ…2カップ（400cc）
豆板醤…小さじ1/2
塩、こしょう…少々
唐辛子オイル…小さじ2

**作り方**

① 炊飯器に米、鶏ガラスープを加える。
② むきえびは粗く刻み、塩、こしょうをしておく。
③ ①に②とオイスターソース、豆板醤を加えて炊く。
④ 炊き上がりに塩、こしょう、唐辛子オイルをかける。

こんなレシピにも

## れんこんきんぴら

**材料 2人分**

れんこん250g
唐辛子オイル小さじ1
だし汁1/2カップ（100cc）
みりん・醤油各大さじ2
サラダ油小さじ1

**作り方**

れんこんは皮をむき、5ミリ程度にスライスして5分ほど水にさらす。鍋にサラダ油をひき（テフロン加工なら乾煎りで）れんこんを炒め、透明感が出たらだし汁、みりん、醤油を加え、汁気が少なくなるまで5〜10分煮て、仕上げに唐辛子オイルをかける。

# ガーリックオイル

にんにくの風味がイタリアンのパスタ、ピザ、ブルスケッタなどによく合います。加熱にはむかないので後からかけて使ってください。

**材 料**

えごま油…1/2カップ（100cc）
にんにく…1片

**作り方**

えごま油につぶしたにんにくを漬ける。
1日目から使用できる。
冷蔵庫で1ヵ月程度保存可。

# 牛肉と野菜の和え物

余分な油をおとした牛肉とたっぷりの野菜に、
風味豊かなガーリックオイルをかけました。
にんにくは刻んで混ぜても。

**材 料 2人分**

牛肉（薄切り）…150g
玉ねぎ…1/4個
ピーマン…1/2個
にんじん…1/4本
ガーリックオイル…小さじ2
レモン汁…大さじ2
塩、こしょう…少々

**作り方**

① 牛肉は細切りにしてゆでる。
② 玉ねぎ、ピーマン、にんじんは薄くスライスして水にさらす。
③ ①と②をガーリックオイル、レモン汁、塩、こしょうで和える。

こんなレシピにも

## ガーリックチキン

**材料 2人分**

鶏もも肉200g
ガーリックオイル小さじ2
塩・こしょう少々

**作り方**

鶏もも肉は一口大にして塩、こしょうをしておく。魚焼きグリルを5分温め、鶏肉を焦げ目がつくまで5分程度焼き、火を止め余熱で5分おく。皿に並べガーリックオイルをかける。

# 中華風オイル

ねぎとしょうがの風味がチャーハンなどの炒め物によく合います。ラーメンにかけても美味しくいただけます。インスタント・ラーメンもグレードアップ。

**材 料**

えごま油…100cc
しょうが、長ねぎ（刻み）…各小さじ2

**作り方**

えごま油にしょうが、長ねぎを加える。
1日目から使用できる。
冷蔵庫で1ヵ月程度保存可。

# しじみ中華蒸し

しじみは肝臓によい食材といわれています。他の貝にはない、しじみ独特のからだに効きそうなしっかりした旨味が味わえます。ゆでた中華麺にからめても、旨味たっぷりのレシピになります。しじみはできるだけ大粒のものを使って。

### 材 料　2人分

しじみ…300g
紹興酒…大さじ3
中華風オイル…小さじ1
青ねぎ…1本
醤油…小さじ1
塩、こしょう…少々

### 作り方

①フライパンにしじみを入れ、紹興酒をふりかけ、ふたをしてしじみの口が開くまで蒸し煮にする。
②仕上げに醤油、塩、こしょう、中華風オイルをかけ、小口に刻んだ青ねぎを散らす。

こんなレシピにも

## 鶏のから揚げ

### 材料 2人分

鶏もも肉1枚（300g）
醤油・酒各小さじ2
片栗粉適宜
揚げ油適宜
塩・こしょう少々
中華風オイル小さじ1

### 作り方

鶏もも肉は一口大に切り、醤油、酒、塩、こしょうをもみ込み30分おく。片栗粉をまぶして180度で3分揚げて取り出し、190度にした揚げ油で1分カラッと揚げる。食べるときに中華風オイルをかけていただく。

# ゆずオイル

ゆずの風味がさわやか。うどん、そうめんにかけて。ゆずのない時期には、レモンなどの他の柑橘類でも作れます。

**材料**

えごま油…100cc
ゆず（果汁）…大さじ2
ゆず皮…1個分

**作り方**

えごま油にゆず果汁、刻んだゆず皮を漬ける。
1日目から使用できる。
冷蔵庫で1ヵ月程度使用可。

# ほたて焼き

ほたてと玉ねぎの甘みを、ゆずオイルがキリッとひきしめてくれます。ほたては炒めすぎないように。

**材料　2人分**

ほたて…2個
玉ねぎ…1/2個
薄口醤油、酒…各小さじ2
サラダ油…小さじ1
パセリ…適宜
ゆずオイル…小さじ1

**作り方**

①フライパンにサラダ油をひき、一口大に切った玉ねぎを炒める。
②玉ねぎに火が通ったら、一口大に切ったほたてを加えて炒め、薄口醤油、酒を混ぜたものをまわしかける。
③器に盛り、ゆずオイルをかけてパセリを飾る。

こんなレシピにも

## にゅうめん

**材料 2人分**

そうめん2束
だし汁3カップ
薄口醤油・みりん各小さじ2
ゆずオイル小さじ2
かつお節適宜

**作り方**

だし汁、薄口醤油、みりんを合わせ、煮立ったらそうめんを加え煮る。器に盛り、ゆずオイル、かつお節をかける。

# 青じそオイル

同じしそ科の青じそとえごま油の相性は抜群です。冷奴にかけて。また、同じしそ科のバジルでも作れます。その場合は洋風ハーブですので、トーストにつけたりパスタなどに合います。えごまの生葉でも作れます。焼いたりゆでたりした魚や肉にまわしかけて。

**材 料**

えごま油…100cc
青じそ…10枚

**作り方**

えごま油に青じそを加え、
ミキサーなどで撹拌する。
冷蔵庫で2週間程度保存可。

# 白身魚のカルパッチョ

青じそと白身魚の刺身を洋風に仕上げました。ピンクペッパーは完熟のこしょうなので辛くありません。彩りに使ってください。白身魚以外、いか、たこ等でも。

### 材 料　2人分

白身魚（鯛などの薄造り）…16切れ
塩、こしょう…少々
ピンクペッパー…適宜
青じそオイル…大さじ1

### 作り方

皿に白身魚を並べ塩、こしょう、ピンクペッパーをかけ、青じそオイルをかける。

こんなレシピにも

## いかとトマトの煮込み

### 材料 2人分

いか1杯
トマト1個
にんにく（刻み）小さじ1
薄口醤油小さじ1
青じそオイル大さじ1
サラダ油小さじ1
塩、こしょう　少々

### 作り方

フライパンにサラダ油をひき、にんにくを加え、香りが出たら一口大に切ったいかを炒める。ざく切りにしたトマト、薄口醤油を加え5分程度煮込み、塩、こしょうで味を調え、仕上げに青じそオイルをまわしかける。

# 梅ドレッシング

梅の酸味がさわやか。生野菜のサラダはもちろん、ゆで野菜、ゆで鶏などにも合います。梅干の塩分はお好みのもので加減して。

**材料**

えごま油…100cc
梅干…3個

**作り方**

えごま油に種を取った梅干、みりん、
酢を加え撹拌する。
冷蔵庫で2週間程度保存可。

# ゆで里芋の梅風味

ゆでたてのホクホクの里芋を梅ドレッシングでさっぱりと。
簡単に作れるようにしていますが、皮ごと蒸すとホクホク感がアップします。

### 材料 2人分

里芋（小）…8個
梅ドレッシング…大さじ2
塩…少々
木の芽…1枚

### 作り方

①里芋は皮をむき、一口大に切り、塩ゆでにする。
②梅ドレッシングで和え、皿に盛り、木の芽を飾る。

こんなレシピにも

## 豚しゃぶ

### 材料 2人分

豚肉（しゃぶしゃぶ用）200g
玉ねぎ1/2個
梅ドレッシング大さじ2

### 作り方

豚肉はゆでる。玉ねぎは薄くスライスする。合わせて梅ドレッシングで和える。

# えごまマヨネーズ

大豆をベースにしたヘルシーなマヨネーズです。
粒マスタードは風味付け。ヘルシーなので野菜やフライにたっぷりつけて使ってください。

**材 料**

えごま油…100cc
ゆで大豆…80g
酢、みりん…各大さじ2
塩…小さじ1/2
粒マスタード…大さじ1

**作り方**

すべてをミキサーなどで撹拌する。
冷蔵庫で2週間保存可。

# キャベツサラダ

シンプルなレシピですが、えごまマヨネーズとかつお節の旨味でキャベツがいくらでも食べられます。

材料　2人分

キャベツ…3〜4枚
かつお節…適宜
えごまマヨネーズ…大さじ3〜4

作り方

キャベツは千切りにして、えごまマヨネーズ、かつお節で和える。

こんなレシピにも

## ソーセージ炒め

材料 2人分

ソーセージ6本
じゃがいも1個
サラダ油小さじ1
えごまマヨネーズ大さじ3

作り方

フライパンにサラダ油をひき、千切りにしたじゃがいもを炒め、ソーセージも加えて炒める。火を止めてからえごまマヨネーズで和える。

## プチプチ楽しい えごま粒レシピ

えごまの粒は、ごまよりも少し大きい粒でプチプチ感があり存在感はありますが、煎ってかけて使うところなどごまによく似ていて、えごまになじみのない方でも使いやすいと思います。煎ってあるので風味、香りもごまに近く、油脂含有量の多い粒はよくかみしめるとえごま油と同じさわやかな味が楽しめます。韓国ではこのまま持ち歩きポリポリ食べる人もいるようですが、あなたも気分転換にあめやガムのかわりにいかがでしょう?

　煎ったタイプのものはそのまま使えますが、もう一度軽く中火で煎ると香りがよくなります。生のものは弱火で煎って、パチパチとはじける音がしたら火を止めてください。ほんのりきつね色で香ばしい香りが出たら煎り上がりです。強火で黒くなるまで煎ると酸化するので気をつけて。

# ふりかけ

手軽にえごまが摂取できます。お好みで干しえびやちりめんじゃこなどを加えてもOK。
ご飯がすすむ美味しさです。

**材料　作りやすい分量**

煎りえごま(粒)…大さじ3
ゆで卵(黄身)…2個分
かつお節…5g
焼き海苔…1/4枚
塩…小さじ1

**作り方**

① ゆで卵(黄身)をほぐして皿に入れ、そのままレンジに1分かける。海苔は細かく砕く。

② フライパンで煎りえごまを中火でパチパチとはじける音がするまで乾煎りして、さらにカラッとさせる。かつお節も加えて1分煎る。

③ ②に①、塩を加え、全体がなじむようにさっと混ぜ合わせる。

# きのこのえごま和え

マヨネーズがはいっているので、子供にも食べやすい和え物です。マヨネーズはえごまマヨネーズ（P.20）を使ってもできます。

**材 料　2〜3人分**

しめじ…1パック
えのき…1/2パック
酒…大さじ2
一味唐辛子…適宜
マヨネーズ…大さじ1
醤油、レモン汁…各小さじ1
煎りえごま（粒）…大さじ1

**作り方**

① しめじ、えのきは小房に分けて鍋に入れ、酒をふりかけ、ふたをして弱火できのこの水気がでるまで2〜3分蒸し煮にする。
② ①をザルに入れ水気を軽く切り、その上から醤油をかけまぶす。
③ ②をボウルに入れ、レモン汁、マヨネーズで和えて、煎りえごまと好みで一味唐辛子をかける。

# 麩《ふ》のえごま味噌和え

麩を鶏肉の代わりに使ったヘルシーレシピです。えごまの粒々と
麩の食感の違いも楽しいです。

### 材 料 2人分

麩…8個
きゅうり…1/2本
味噌…小さじ2
酢、みりん…各小さじ1
煎りえごま（粒）…大さじ1
一味唐辛子…適宜
薄口醤油…小さじ2
片栗粉…適宜
塩…少々

### 作り方

① きゅうりは千切りにして塩をふり、少しおいて水気をしぼる。

② 麩はもどして軽く水気を切り、薄口醤油をまぶしてなじませ、もう一度しぼる。
片栗粉をつけてゆで、冷水にとる。

③ 煎りえごま、味噌、酢、みりんを混ぜて①②を和え、一味唐辛子をかける。

# かにとえごまの酢の物

かにの上品な味わいにもえごまはよく合います。ゆずこしょうで風味付けしていますが、ゆずオイル（P.14）もよく合います。

**材 料　2人分**

かに身…100g
きゅうり…1/2本
みょうが…1個
煎りえごま（粒）…小さじ2
酢…大さじ1
みりん…小さじ2
薄口醤油…小さじ1/2
ゆずこしょう…小さじ1/2
塩…少々

**作り方**

① きゅうりはスライスして塩もみする。みょうがはスライスする。
② ①とかに身を酢、みりん、薄口醤油、ゆずこしょうを混ぜたもので和え、煎りえごまをかける。

# 高野豆腐の曙《あけぼの》煮

身近にある野菜ジュースを使った煮物。にんじんをすりおろしたりトマトを刻んで煮ることもできます。赤い煮物に黒の粒が映えます。

**材 料　2〜3人分**

高野豆腐…2枚（約160g）
薄口醤油…小さじ1　昆布茶…小さじ1/2
煎りえごま（粒）…大さじ1
トマトジュースまたはにんじんジュース…1本（約160cc）

**作り方**

① 高野豆腐はもどすタイプのものならば水につけてもどす。
② 鍋に水1/4カップとトマトジュースまたはにんじんジュース、薄口醤油と昆布茶を入れ、煮立ったら高野豆腐を加えて10分程度煮る。
③ ②を食べやすい大きさに切り、煎りえごまをかける。

# えごま団子

えごま粒は油と相性がよく、揚げ物の衣にはよく合います。
揚げすぎに注意しながら、カラッときつね色に揚げましょう。
ごまと混ぜた衣でもできます。

**材料 2～3人分**

じゃがいも…2～3個
塩…少々
衣（片栗粉、溶き卵、煎りえごま（粒））…適宜
揚げ油…適宜

**作り方**

① じゃがいもはゆでて熱いうちにつぶし、塩をして団子状にする。（つぶし方はお好みで）
② ①に片栗粉、溶き卵、煎りえごまの順で衣をつけ、180度の油でカラッと揚げる。

# えごまいももち

はらもちのよいもちに、さつまいものほんのりした甘さが加わり、おやつに最適です。できたても美味しいですが、冷めても固くならずおいしくいただけます。

**材 料　2〜3人分**

さつまいも…1/2本
もち…2個
砂糖…大さじ1
煎りえごま（粒）…大さじ4
塩…少々

**作り方**

① さつまいも、もちは別々にやわらかくなるまでゆでる。
② ①をボウルに入れ、砂糖、塩を加えて混ぜ合わせ、一口大に丸めて煎りえごまをまぶす。

# プチプチビーフカツレツ

えごまの粒のプチプチと粉チーズのコクのある風味が美味しいカツレツです。えごま粒にパン粉を混ぜてもできます。

**材 料 2～3人分**

牛肉（薄切り）…6枚
粉チーズ…大さじ2
塩、こしょう…少々
衣（小麦粉、溶き卵、煎りえごま（粒））…適宜
揚げ油…適宜

**作り方**

① 牛肉に塩、こしょうをして粉チーズをふり、3枚ずつ重ねる。
② 小麦粉、溶き卵、煎りえごまの順で衣をつけ、多めの油で揚げ焼きにする。

# えごま塩焼きそば

えごまの粒々と青ねぎをえごま油でつないだトッピングが、
さっぱりめの塩焼きそばによく合います。

### 材 料　2人分

焼きそば用麺…2玉
豚肉薄切り…100g
キャベツ…2枚
青ねぎ…4本
煎りえごま（粒）…大さじ2
えごま油…小さじ2
昆布茶…小さじ1/2
塩、こしょう…少々
（サラダ油…小さじ1）

### 作り方

① フライパンにサラダ油をひき（テフロン加工の場合は油をひかずに）、食べやすく切った豚肉を炒める。ざく切りにしたキャベツを加えてさらに炒め、焼きそば用麺を加える。

② 昆布茶を湯1/3カップ（70cc程度）で溶き①に回し入れ、塩、こしょうで味を調える。

③ 皿に盛り、小口切りにしたねぎ、煎りえごま、えごま油をかける。

# えごまご飯

にんじんのオレンジ色とえごま粒の黒が色鮮やかなご飯。
味もにんじんの甘みとえごまの風味がよく合います。

### 材料 2〜3人分

米…2合
煎りえごま（粒）…大さじ2
にんじん…1/2本
薄口醤油…小さじ2
だし昆布…1片
塩…少々

### 作り方

① 炊飯器に米と2合分の水を入れ、すりおろしたにんじん、薄口醤油、だし昆布を加えて炊く。
② 炊き上がりに塩、煎りえごまをかけて全体をふんわり混ぜる。

## 風味がやさしい

# すりえごまレシピ

煎ったえごまは、すり鉢でしっかりすると、味噌など他の食材となじみがよくなります。ごまに比べて油脂含有量の多いえごまは、すっていくと早くしっとりしてきます。そしてその油はさらっとしていてあじわいもさわやかです。使い方はすりごまと同じで、何にでもかけて美味しくいただけます。

たっぷり摂取して健康な食生活をおくってください。保存は冷蔵庫で。以下のレシピでは、煎ってあるえごまをもう一度軽く煎って、香ばしさを出してからすっています。生のえごまを使う場合は、22ページの煎り方を参考にしてください。

## えごま味噌

えごまと味噌の風味が食欲をそそります。
そのままご飯やおにぎりにしたり、和え物にも使えます。

**材料　作りやすい分量**

煎りえごま（粒）、味噌…各1/2カップ
みりん、酒…各大さじ2

**作り方**

えごまは煎ってすり、味噌、みりん、酒を加えて、全体がなじむよう弱火にかけて5～10分、元の味噌のかたさ程度になるまで練る。

## 串もち

えごま味噌は団子やもちとも相性がよいようです。
お好みでえごま味噌に砂糖を加えて甘くしても美味しくいただけます。

**材料　2人分**

白玉粉…100g
えごま味噌…適宜

**作り方**

① 白玉粉に水1/2カップを加え、耳たぶ程度のかたさに練る。
② ①を団子状にしてゆで串に刺し、魚焼きグリルなどで薄く焦げ目がつくまで焼く。
③ えごま味噌を塗り、再度、軽く焦げ目がつくまで焼く。

## 豆腐とこんにゃくの田楽

えごまと味噌の風味が、シンプルな豆腐とこんにゃくの旨味をひきだしてくれます。
地元の美味しい豆腐やこんにゃくで試してほしい一品です。

**材料　2人分**

豆腐…1/2丁
こんにゃく…1/2枚
えごま味噌…適宜
一味唐辛子…適宜

**作り方**

① 鍋に水と豆腐を入れて一煮立ちしたら取り出す。こんにゃくは水から入れて沸騰したら2分ゆでる。
② ①を半分に切りそれぞれ串に刺し、魚焼きグリルなどで焦げ目がつくまで焼く。
③ えごま味噌を塗り、軽く焦げ目がつくまで再度焼く。

# えごま味噌グラタン

えごま味噌とチーズが混ざって焼けた香りが食欲をそそります。グラタンの中身はなす以外にも、じゃがいもやかぼちゃ、ブロッコリーなどでも作れます。

**材料　2人分**

なす…1〜2本
えごま味噌…大さじ2〜3
豆乳…1/2カップ
とろけるチーズ…1/2カップ
サラダ油…大さじ2
塩、こしょう…少々

**作り方**

① なすは乱切りにして、フライパンにサラダ油をひいて炒め、塩、こしょうをする。
② ①をグラタン皿に並べる。豆乳1/4カップとえごま味噌を混ぜ、上からかける。
③ ②にとろけるチーズをのせ、残りの豆乳もかけてオーブントースターなどで焦げ目がつくまで10分程度焼く。

# ガドガドサラダ

インドネシアのホットサラダをアレンジしました。
えごま味噌に酢を混ぜたものは酢味噌和えにも
使えます。

**材料　2人分**

えごま味噌…大さじ2
酢…大さじ1
厚揚げ…1/2枚
ゆで卵…1個
にんじん…1/2本
じゃがいも…1個
いんげん…6本

**作り方**

① 厚揚げは魚焼きグリルなどで焼く。
にんじん、じゃがいもは一口大に切ってゆでる。
いんげんもゆでる。
ゆで卵は2等分にする。

② ①を皿に盛り、えごま味噌と酢を混ぜたものをかける。

# 香ばし油和え

山形県の伝統食。この地域ではえごまのことを「香ばし油」と呼んで、山菜やたたきごぼう、菊などを和えて食べたようです。このレシピでは砂糖は控えめにしていますが、甘めの味噌と煎ったえごまの風味が山菜の苦みによく合います。

### 材料　2人分

煎りえごま（粒）…大さじ3
味噌…大さじ1
砂糖…小さじ2
山菜（うるい、うど、こごみ等）…適宜

### 作り方

① えごまは煎ってすり、砂糖、味噌を加え、なめらかになるまでさらにする。
② ゆでた山菜を①で和える。

# さえもち

福島県の伝統食の「さえもち」。「さいもち」とも言うようです。もちと豆腐という一見変わった取り合わせですが、新しいもちの食べ方といった感じです。この衣できのこや他の野菜などを和えても。

**材料　2人分**

煎りえごま（粒）…大さじ3
味噌…大さじ1
豆腐…1/4丁
もち…2〜4個

**作り方**

① えごまは煎ってすり、味噌と、白和えを作るときと同様にしっかり水気を切った豆腐を合わせて衣を作る。
② つきたてのもち（なければゆでたもち）を①で和える。

# えごまもちのニョッキ風

バターの風味がえごまもちによく合います。お好みで玉ねぎ、ハムなどを加えても美味しくいただけます。

**材料　2人分**

えごまもち…3個（1個50g）
バター…10g
粉チーズ…適宜
塩、こしょう…少々

**作り方**

えごまもちはつきたてならそのまま一口大に切り（かたい場合はゆでる）、バター、粉チーズ、塩、こしょうで和える。

# えごまもち

香ばしいえごまがたっぷり入ったもちです。そのまま煮たり焼いたりしても美味しいですが、洋風のレシピにもよく合います。

**材料　つくりやすい分量　約4人分**

もち米…3合
煎りえごま（粒）…1/2カップ

**作り方**

もちをつき、つきあがり直前に煎ってすったえごまを混ぜ、さらについて好みの大きさに丸める。

# えごまもちの
# スープ煮

白菜、もちをやわらかく煮た、ボリューム満点のあったかスープです。にんじんやねぎなど他の野菜を加えて煮込んでも美味しいです。

**材料　2人分**

えごまもち…2個（1個50g）
白菜…2枚
にんにく（刻み）…小さじ1
ベーコン…2枚
サラダ油…小さじ1
塩、こしょう…少々

**作り方**

① 鍋にサラダ油をひき、にんにくを炒めて香りが出たら1センチに切ったベーコンを加え、さらに炒める。
水4カップを入れ、ざく切りにした白菜を加える。
白菜がほぼ煮えたら一口大に切ったえごまもちを入れ、もちがやわらかくなるまで煮る。
② 塩、こしょうで味を調える。

# えごま麺

えごまの風味がよく出ます。足で踏む作業など、子供と一緒に楽しみながら作ってはいかがでしょう？温かくても冷やした麺でも美味しくいただけます。

### 材料　作りやすい分量　約4人分

中力粉…400g
煎りえごま（粒）…40g
塩…小さじ1
ぬるま湯…180～200cc
打ち粉（コーンスターチなど）…適宜

### 作り方

① えごまは煎り、すって中力粉と混ぜる。

② ①に塩、ぬるま湯を混ぜ、耳たぶ程度の固さにまとめ、ビニール袋に入れる。

③ ②を足で5分くらい踏む。
④ 台に打ち粉をひき、③を延ばして屏風状にたたみ、好みの幅に切る。

⑤ たっぷりの湯でゆでる。

# 豚汁

すったえごまの風味がよく効いて、個性的な豚汁に仕上げました。
これにもえごま油をかけると、また違った味が楽しめます。

**材料 2人分**

煎りえごま（粒）…大さじ2
豚肉…100g
大根…1/4本
にんじん…1/4本
白ねぎ…1/2本
しいたけ…2枚
だし汁…3カップ
味噌…大さじ3

**作り方**

① 鍋にだし汁、一口大に切った大根、にんじん、しいたけ、豚肉を入れ、やわらかくなるまで煮る。

② ①に切った白ねぎ、味噌、煎ってすったえごまを加え、2～3分煮る。

# 坦々麺風

ひき肉を使った中華風の麺です。本来、ごまの風味だけでいただきますが、
えごまが加わるといっそう旨味が増します。辛さは豆板醤で調整を。

### 材料　2人分

中華麺…2玉
豚ひき肉…200g
白ねぎ…1/2本
煎りえごま（粒）…大さじ4
豆板醤…小さじ1
鶏ガラスープ…2カップ
えごま油…適宜
にんにく…1片
サラダ油…小さじ2
芝麻醤…大さじ4
塩、こしょう…少々

### 作り方

① フライパンにサラダ油をひき、刻んだ白ねぎ、にんにく、豆板醤を入れ、香りが出たらひき肉を加えて炒める。鶏ガラスープ、芝麻醤、煎ってよくすったえごまを加えて煮て、塩、こしょうで味を調える。
② 器にゆでた麺を入れ、①をかけ、えごま油をかける。

苦みさわやか栄養ぎっしり

# えごまの葉レシピ

えごまの葉はしその葉に比べて大きく厚みもあり、他の食材などを包みやすく、油との相性もよいので包み焼きなどもおすすめです。葉のとれる時期は地域によってずれがありますが限られているので、季節感のある食材と組み合わせたり。加熱するときはすぐに火が通るので加熱しすぎないように。

## えごまの葉おひたし

シンプルにえごまの葉の美味しさを味わえます。
ゆでたえごまの葉は美味しいおだしでたくさん食べてください。
小松菜、ほうれんそうと混ぜてもOK。

**材料 2人分**

えごま（葉）…20枚
だし汁…1/2カップ
醤油、みりん…各大さじ1
かつお節…適宜

**作り方**

① えごまの葉はさっとゆでる。
② だし汁、醤油、みりんを混ぜたものに①を浸す。
③ ②を器に盛りかつお節をかける。

# えごまの葉とレタスのグリーンサラダ

これもえごまの葉を楽しむため、シンプルなレシピにしました。
もちろんトマトやきゅうりなどカラフルなサラダにも合います。

### 材料　2人分

えごま（葉）…10枚
レタス…2〜3枚
おから…大さじ3
えごまドレッシング
（P.8〜20のドレッシングどれでも、お好みで）
塩、こしょう…少々

### 作り方

① えごまの葉、レタスはちぎって冷水にさらす。
② おからは乾煎りして塩、こしょうをする。
③ ①を器に盛り②とえごまドレッシングをかける。

# 生春巻き

生葉の香りがさわやかな生春巻きです。スイートチリソースでいただきますが、唐辛子オイル（P.8)をつけても。このまま揚げても別の味を楽しめます。

**材料　2人分**

えごま（葉）…8枚
ライスペーパー…4枚
レタス…2～3枚
春雨…20g
貝割れ大根…1/2パック
えび…4尾
焼き豚…4枚
スイートチリソース…適宜

**作り方**

① えびはゆでて縦半分に切る。
　レタス、焼き豚は千切りにして春雨はゆでる。
　えごまの葉はそのまま、貝割れは根を切る。
② ライスペーパーは水にくぐらせて全ての具を包む。
③ 器に並べスイートチリソースをかける。

# えごま葉焼き

えごまの葉をお好み焼きやチヂミのイメージで焼いてみました。
たれはお好みで、えごまマヨネーズ（P.20）をつけても美味しくいただけます。

### 材料　2人分

えごま（葉）…20枚
小麦粉…1カップ
卵…1個（水を加えて1カップにする）
削り節粉（魚粉）…大さじ1
塩、こしょう…少々
ポン酢、ソース、かつお節…適宜

### 作り方

① 刻んだえごまの葉を小麦粉、卵、水を合わせたもので和える。
② ①に削り節粉、塩、こしょうをしてホットプレートやフライパンに丸くのばして焼く。
③ ポン酢、ソース、かつお節などをかける。

# エジプト風スープ

本来はモロヘイヤの葉で作るエジプト風のスープですが、
えごまの葉で作ってみました。とろみは片栗粉でつけます。

### 材料　3〜4人分

えごま（葉）…20枚
豚ひき肉…150g
えのき…1パック（約100g）
薄口醤油…大さじ1・1/2
にんにく（刻み）…小さじ1
片栗粉…大さじ1
塩、こしょう…少々

### 作り方

① 鍋に水2カップを入れ、沸騰したらにんにく、ひき肉、みじん切りにしたえのきを入れ、醤油を加える。

② ひと煮立ちしたらみじん切りにしたえごまの葉を加え、水溶き片栗粉でとろみをつけ、塩、こしょうで味を調える。

# えごま葉と豆腐の中華風

さわやかな香りのえごまの葉と豆腐とのやさしい味わいの中華です。
ご飯にかけて丼にしても美味しいです。

### 材料　2人分

えごま（葉）…10枚
豆腐…1/2丁
いか…100g
片栗粉…大さじ1
鶏ガラスープ…2カップ
えごま油…小さじ1
すりおろししょうが…小さじ1
塩、こしょう…少々

### 作り方

① 鍋に鶏ガラスープを入れ、煮立ったら一口大に切ったいかと豆腐をくずしながら加え、コトコト弱火で3分程度、いかが固くなりすぎないように煮る。

② 水溶き片栗粉、すりおろししょうが、刻んだえごま葉を加え、塩、こしょうで味を調え、すぐに火を止める。器に盛ってえごま油をかける。

# えごまの葉の 保存法と便利な使い方

えごまの葉は生以外に漬けておくことができます。とれる時期が限られているので、たくさんとれて一度に使えないときにはここで紹介する方法で保存して使いましょう。漬けてもさわやかな香りは残りますし、生葉がない時期でも手軽にえごま葉を楽しむことができます。

## 醤油漬け

醤油とえごまの香りがよく合います。
ご飯との相性は最高です。
あつあつご飯を巻いたりおにぎりに。

**材料 作りやすい分量**

えごま（葉）…30〜50枚（50g）
醤油…2カップ
酒…1/4カップ

**作り方**

えごまの葉は洗って水気を切り、醤油、酒を合わせたものに1枚ずつ漬ける。2日目から食べられる。冷蔵庫で半年保存可。

**利用例**

おにぎり…えごま粒と塩をまぶしたおにぎりを葉の醤油漬けで巻く。
肉巻き…ゆでたささみを巻く。

# 塩漬け

シンプルに塩漬けにしておくと、いつでもえごまの葉が楽しめます。
ご飯や麺に刻んで混ぜても野菜や肉を巻いても。

**材料　作りやすい分量**

えごま（葉）…30～50枚（50g）
塩…えごまの葉と同量（50g）

**作り方**

えごまの葉は洗って水気が切れないうちに1枚ずつに塩をまぶし、
保存袋などに入れ、上から皿2枚で重石を2時間程度する。
水気が出たらそのまま冷蔵庫に。2日目から食べられ、冷蔵庫で半年保存可。

**利用例**

混ぜご飯…塩をさっと洗い流した葉を刻み、ご飯に混ぜる。
漬物巻き…きゅうり、大根などの浅漬けを塩をさっと洗い流した葉で巻く。

# キムチ漬け

焼肉屋さんのえごまの葉のキムチのイメージで作りました。
肉を巻いて食べたり、刻んでチャーハンなどに加えても味のポイントになります。

材料　作りやすい分量

えごま（葉）…30〜50枚（50g）
醤油…2カップ
砂糖…大さじ2
酒…大さじ2
にんにく（すりおろし）…大さじ1
唐辛子…大さじ1（あれば韓国の粉唐辛子デチョンがおすすめ。
一味唐辛子だと辛めなのでお好みで加減して）
白ごま…大さじ1

作り方

① えごまの葉は洗って水気をよく切る。
② 全てを混ぜた調味液に1枚ずつ漬ける。
2日目から食べられる。
冷蔵庫で半年保存可。

# 海鮮ピリ辛サラダ

材料　2人分

えごま葉キムチ漬け…4枚
白身魚（薄造り）…8枚
えごま油またはごま油…大さじ2

作り方

皿に白身魚を乗せる。
刻んだえごま葉キムチ漬けを散らし、
えごま油とキムチ漬けの漬け汁大さじ1を
回しかける。

# えごまパウダーで広がるレシピ

季節限定のえごまの葉ですが、醤油漬けなどにする以外にも、パウダーを使って一年中楽しむことができるようになってきました。栄養素を逃がさない製法も研究されています。料理やお菓子に鮮やかで健康的な彩りをプラスする食材として活用します。

## えごまパウダーについて

えごまの葉のパウダーが販売されています（入手方法は76ページ）。青汁としては飲みやすく、ほんのり甘くさわやかな味わいです。牛乳に混ぜて飲んだり、お菓子作りや料理にも使うことができます。ここに紹介するレシピは生葉を絞っても作れますので、ぜひ試してみて。

パウダーがないときは

### えごま葉の絞り汁

以下のレシピは、パウダーの代わりにこの絞り汁を使ってもできます。

材料

えごま葉…10枚　水…大さじ1

作り方

① えごま葉を刻み、水を加えてすり鉢ですりつぶすかフードプロセッサーなどで細かくする。
② ①をふきんなどに包み絞る。
（大さじ3程度の絞り汁ができる）

## 茶碗蒸し

緑の茶碗蒸しに赤いえびあんがとてもきれいな一品です。
なめらかな口当たり、上品な味わいは子供からお年寄りにまで喜ばれます。

材料 2人分

卵…2個
えごまパウダー…3g
（絞り汁ならば大さじ2加え、だし汁をその分減らす）
だし汁…1・1/2カップ
みりん…小さじ2
薄口醤油…小さじ1/2

えびあん
むきえび…80g
だし汁…1カップ
薄口醤油…小さじ1
片栗粉…大さじ1
酒…小さじ1

作り方

① 卵、えごまパウダー、だし汁、みりん、薄口醤油を混ぜ、漉し器で漉して器に入れ、蒸気の上がった蒸し器で強火5分、弱火にして15分蒸す。
② 鍋にだし汁、薄口醤油、酒を入れ、煮立ったら刻んだむきえびを加える。水溶き片栗粉でとろみをつける。
③ ①に②をかける。

# テリーヌ

えごまの風味とツナが意外にも味を引き立てあっています。
冷やし固めるタイプで失敗なし。ツナを使うことで子供にも美味しく食べられます。

**材料　作りやすい分量**

ツナ缶…（大）1缶
生クリーム…1カップ
塩、こしょう…少々
オリーブ油…小さじ1
レモン汁…大さじ1
粉ゼラチン…5g
えごまパウダー…6g
（絞り汁ならば大さじ4、粉ゼラチン3gプラスする）

**作り方**

① 粉ゼラチンは大さじ2程度の湯でふやかす。
② 全てをミキサーにかけ、全体がなめらかになったら型に入れて固める。

# えごまの冷製パスタ

えごまのグリーンが涼しげな夏向きのパスタです。オリーブ油とは違った、さわやかな風味のえごま油との組み合わせも楽しんでください。昆布茶は旨味調味料代わりに使うと便利です。

### 材料 2人分

えごまパウダー…6g
（またはP.54のえごま葉10枚を絞る前の状態で使用）
えごま油…大さじ2
昆布茶…小さじ1
パスタ（カッペリーニなど細めのもの）…200g
生ハム…4枚
塩、こしょう…少々

### 作り方

① パスタはゆで、冷水で洗う。
② ボウルにえごまパウダー、えごま油、昆布茶を入れて混ぜ、①にからめる。
③ ②に塩、こしょうをしてちぎった生ハムを混ぜる。

# パンナコッタ



えごまパウダーなら、スイーツにもからだによいえごまを簡単に取り入れることができます。
パンナコッタは生クリームだけで作るレシピが一般的ですが、
牛乳とえごまパウダーを使うことでヘルシーに仕上げました。

### 材料 2人分

生クリーム、牛乳…各1/2カップ
バニラオイル…少々
粉ゼラチン…5g
えごまパウダー…3g
（絞り汁ならば大さじ2、牛乳をその分量減らす）
はちみつ、くるみ、煎りえごま（粒）…適宜

### 作り方

① 鍋に生クリーム、牛乳を入れ温める。
② 1/4カップのお湯でふやかした粉ゼラチンに、えごまパウダーを加えよく混ぜる。
③ ①に②を混ぜ、器に流し入れ、冷やし固める。
④ はちみつ、乾煎りして砕いたくるみ、煎りえごまをかける。

# ながいもとえごまのきんとん

すりおろして使うことの多いながいもですが、ゆでてもそしてお菓子にしても
美味しくいただけます。これに健康増進食材のえごま、はちみつを合わせました。

### 材料　作りやすい分量

ながいも…1/4本（250g）
はちみつ…大さじ3
えごまパウダー…3g（絞り汁ならば大さじ2を加える。生地がやわらかすぎるときは、片栗粉大さじ1〜2を加え、蒸し器で10分程度蒸す）
えごま（粒）…適宜

### 作り方

① ながいもはゆでてはちみつを混ぜてつぶし、2/3をとりわけてえごまパウダーを混ぜる。
② ①の緑のながいもと残した白いながいもが交互にあるようにラップで包み、茶巾にしてえごま（粒）をかける。

# カトルカール

ボウルひとつで簡単に作れるお菓子。
えごまパウダーを加えることでさわやかな風味になり、
α-レノリン酸、ロスマリン酸などの栄養素もプラスできます。
1日おくとコクが増します。

**材料　25cm×29cmの天板1枚分**

薄力粉…190g
無塩バター…200g
砂糖…200g
卵…3個
ベーキングパウダー…小さじ1/2
バニラオイル…少々
えごまパウダー…10g
（絞り汁ならば大さじ6を加え、卵をその分量減らす）

**作り方**

① ボウルにバターを入れクリーム状に練り、砂糖を加え白っぽくなるまで混ぜる。
② バニラオイルを加え、溶き卵を2〜3回に分けて混ぜ、薄力粉、えごまパウダー、ベーキングパウダーを混ぜたものを加え、全体が粉っぽさがなくなるまでさっくり混ぜる。
③ ②を天板に流し190度のオーブンで10分、170度にして15分焼いて3センチ角に切る。

# 豆乳青汁（写真左）

豆乳青汁は、豆乳のイソフラボンとえごまパウダーのロスマリン酸が女性にうれしい組み合わせ。

作り方

豆乳1カップに、えごまパウダー小さじ1を溶く。
（絞り汁ならば大さじ1～2）

# はちみつ青汁（写真右）

はちみつ青汁は、えごまのさわやかな香りにはちみつのやさしい甘みが加わり、だれにでも飲みやすいヘルシードリンクのでき上がり。

作り方

水1カップに、えごまパウダー小さじ1、はちみつ小さじ2を溶く。（絞り汁ならば大さじ1～2）

こんなドリンクもおすすめ

## りんご青汁

りんごジュースの甘酸っぱさと、
えごまのさわやかな風味がよく合います。

作り方

りんごジュース1カップにえごまパウダー小さじ1（絞り汁ならば大さじ1～2）を加えよく混ぜる。

## 青汁ソーダ

冷たく冷やしてスキッとさわやか。
夏向きの飲み物です。

作り方

炭酸水1カップにえごまパウダー小さじ1（絞り汁ならば大さじ1～2）を加え混ぜる。
氷、薄切りレモンを加える。
甘みがほしい場合はガムシロップを入れる。

# 元気なえごまの里・島根県川本町

川本町は島根県の山あいにあり、人口4000人弱の小さな町ですが、最近になってえごまの栽培と利用が広がっています。

給食でもえごまメニューがあります。

確かな技術で真面目に取り組んでいます。

子供達もすっかりえごま好きになりました。

広大なえごま畑が町の風景になりました。（7月頃）

収穫は手作業で丁寧に行なわれます。

# えごまをもっと食卓に

# 日本人とえごま

## ～縄文以来の歴史が教えてくれること

### ●縄文人の巧みなえごま利用

えごまの原産地はインド高地やネパール、中国雲南省の高地とされており、紀元前一万年以上も前には、既に東南アジアに広く分布していたと推定されています。大陸からいろんなものが伝わってきたように、えごまも中国から韓国を経由するか、あるいは直接中国から日本に入ったといわれています。おそらく渡来人がこの種を持って、丸木舟などに乗って日本海を渡ってきたのでしょう。

縄文遺跡（福井の鳥浜遺跡・青森の三内丸山遺跡など）ではえごまの種実や根茎が数多く見つかっており、1万年～5500年前の縄文時代には、既に栽培されていた痕跡が国内で何か所か見られます。

えごまは非常に生命力が強く、山間地や痩せた土地でも良く育ち、乾燥や湿気にも左右されにくい植物で、ある程度の気温があれば育てやすい植物であるため、当時の縄文人は、古代的な焼畑農法やあるいは住まいの傍らで栽培をしていたと思われます。

鳥浜遺跡では、土器などに焦げた痕跡があり、すでにえごまを油として利用する方法が発見されていたと思われます。当時は搾油技術はなかったでしょうから、おそらく粒を叩いて砕き、粒ごと利用していたのでしょう。また、麻と一緒にえごまの種が見られることから、乾燥した麻の繊維を芯材にして火を灯していたのではと想像され、縄文人の知恵や工夫が感じられます。えごまと出会ったことで、灯りや強い火力の利用が可能になり、大幅な生活の進歩があったと思われます。

日本におけるえごまの伝来は、地域的には東日本が中心で、北陸の沿岸部に流れ着いた渡来人が、徐々に内陸部や太平洋側に移り住んでいったようです。今でもえごまの栽培が多い場所（福島県や山形県、宮城県など）が当時（縄文時代から奈良・平安時代）も栽培の中心地であったと思われます。

### ●暮らしを支えたえごま油

平安時代初期に、山城国（京都）の大山崎神宮宮司が、えごまから油を絞ったと記された文書があるように、この時代から本格的にえごまから油を絞るようになったといわれます。戦国時代に美濃の斎藤道三が油売りで財をなして一国の城主になったことは有名ですが、この油はえごまの油だったといいます。鎌倉時代から江戸時代には、えごま油の需要が一気に増加しており、日本全国に広がってきたのもこのころでしょう。

また、えごま油は灯明や護摩供養などに使われていたので、日本に伝来した仏教が、平安時代から全国にその信仰が広まったことと関連して、えごまの油の需要が全国に広まったともいえます。

真言宗や天台宗の古刹の周りには、えごまの油をお供えするために、付近の民がえごま栽培を行なっていた形跡が多く残っており、また中国や韓国には見られない油の利用方法（傘や雨合羽などの防水塗布剤、さらに建築家具の塗装、また現代にも続いている伝統食に見られるような料理方法）が、この時代に始まっています。

**●忘れられたえごま、現代によみがえる**

しかし江戸時代後期になると、えごまに比べて生産効率が高い菜種油が日本に入ってきており、次第にえごまから菜種に移り変わったことで、えごまの栽培農家は急激に減少してしまいました。

そのえごまが、実は素晴らしい成分（α-リノレン酸）を含有していることが、三十数年前に発見されたわけで、健康食品として、また機能性食品として、ここにきて一躍世に躍り出てきました。長い間、日本人の生活の中に溶け込み親しまれ続けてきたものが、その生産効率だけで隅に押しやられてきました。近代社会が「便利なもの」ばかり、あるいは「目先の優位性」ばかりを重んじて、昔からの貴重な財産を失ってきていることに気づかせてくれるえごま。地球環境の変化や温暖化にあまりにも無頓着で、大切な地球資源の保全を後回しにしてきた我々に、ものの本質を捉えることがいかに大事で貴重かという、大きなメッセージを与えてくれているようです。現在、東日本を中心に各地で「エゴマの会」が結成され、えごまの栽培と利用を復活させようという動きが広がりつつあります。

*参考文献 著者／中村重夫「エゴマ油の道」ペリラ研究所発行

## 生活習慣病・アレルギー・うつ病……

# いまこそ見直したい「えごま」の機能性・効能

### ●α-リノレン酸とは？

近年の研究により、えごまが含む油（以下「えごま油」）にはα-リノレン酸という必須脂肪酸成分が多く含まれており、現代人が抱える多くの健康上の問題に有効であることが明らかになってきました。必須脂肪酸とは成長や出産に必要なリノール酸の仲間と、脳や目の働きを維持するために必要なα-リノレン酸の仲間のことで、どちらも体内で合成することができず、食品等からとらなければならない成分です。

１９５０年代以降、リノール酸を多くとることでコレステロールが低下するという研究から、リノール酸を多く含む大豆油やコーン油を多く使うことが推奨された時期がありました。しかしその後、リノール酸の過剰摂取はアレルギーや生活習慣病や精神疾患を増やす懸念が指摘されるようになり、現在ではリノール酸ばかりを多くとることはすすめられていません。

これらの病気を予防・改善する上で、リノール酸を過剰摂取しないことと同時に大切なのが、リノール酸とは別の必須脂肪酸であるα-リノレン酸のグループを今よりも多くとることです。両者のバランスが大切なのです。α-リノレン酸のグループ（オメガ３系脂肪酸、n-3系脂肪酸と呼ばれます）が多く含まれているのは、食用油ではえごま油（しそ油）のほか亜麻仁油などがあり〈図１〉、食品としては野菜や魚介類（とくにいわし、まぐろなど）のほうが肉や穀類よりも多くなっています。

必須脂肪酸として必要な量のリノール酸は、肉や卵、豆や穀類などからとれるので、わざわざ意識してとる必要はありません。一方、α-リノレン酸は、現代の食生活では不足しがちなものになってしまっているのです。

〈図1〉食用油の脂肪酸組織

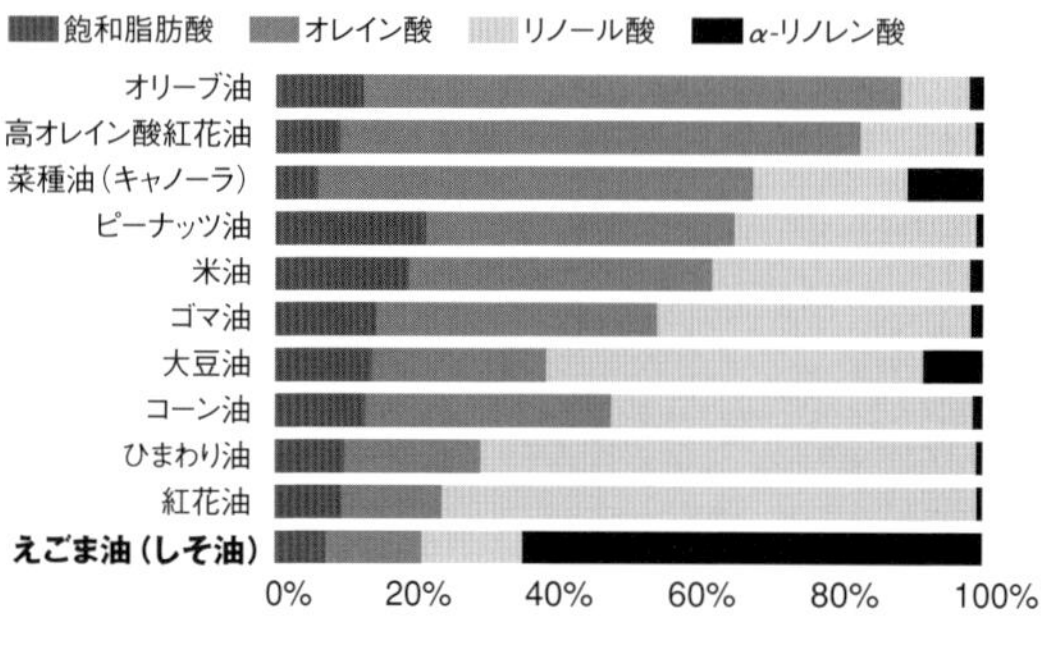

## ●EPA、DHAもα-リノレン酸の仲間

〝頭がよくなる油〟などと言われるEPAやDHAという成分を聞いたことがあると思います。このEPAやDHAもα-リノレン酸の仲間の脂肪酸です。私たちがα-リノレン酸を食べると、体内でこれらの脂肪酸に変換されていくのですが、魚や貝の中ですでに変換されたEPAやDHAを食べても同じ効果が得られます。「漁業白書」（平成11年度）によれば「EPAやDHAは、血栓を防ぐ」「脳梗塞、心筋梗塞などの血管障害を予防する」「アレルギー反応を抑制する」などの作用があげられ、さらに、DHAは「脳神経系に高濃度で分布し、情報の伝達をスムーズにするほか、脳の発育や視力の向上に関与している」と書かれています。これらの脂肪酸のもとの形であるα-リノレン酸をとる意味もほぼ同じです。

## ●えごまを食べておいしく健康に

厚生労働省が公表している日本人の食事摂取基準（２００５年版）では、生活習慣病の予防に重点を置く目的で、α-リノレン酸の仲間の脂肪酸の摂取目標値を定めており、２０１０年版においても、以下のような摂取目標量を定めています。〈図２〉

## ●ロスマリン酸やβカロテンにも注目

またえごまの葉にはロスマリン酸（ポリフェノール）やβカロテンという成分も多く含まれ、強い抗酸化作用やアレルギー抑制効果などがあると言われており、こちらも注目されています。

いくらからだによいと言っても、油っこい料理ばかりを食べていては肥満や生活習慣病のもとになってしまいます。この本でご紹介したように、えごまは実も葉もいろいろにおいしく食べることができるので、「えごまの実や葉を活用し、野菜や魚介類を食卓に増やし、油料理にはえごま油を使う」ことで〝おいしくて、健康〟を実現しましょう。

〈図2〉n-3系脂肪酸の食事摂取基準（g／日）

| 年齢 | 男性 | 女性 |
|---|---|---|
| | 目標量 | 目標量 |
| 18〜19歳 | 2.1以上 | 1.8以上 |
| 30〜49歳 | 2.2以上 | 1.8以上 |
| 50〜69歳 | 2.4以上 | 2.1以上 |
| 70歳以上 | 2.2以上 | 1.8以上 |

日本人の食事摂取基準（2010年版）より抜粋

＊α-リノレン酸の働きと、その他の油に懸念される問題については奥山治美（金城学院大学薬学部教授）ほか著『油の正しい選び方・摂り方』（農文協）に詳しく解説されています。

# 誰でもできるえごまのプランター栽培

**土質をあまり選ばず、病害虫も少なくて生命力の強いえごまは家庭でプランターでも簡単に栽培できます。**

※品種により時期に若干の差はあります。

4月 ◀◀ 5月 ◀◀ 6月 ◀

**【準　備】**

黒土か砂土に20％の腐葉土を混ぜて、水もち、水はけのよいようにします。肥料はなくても問題ありません。

**【4月～6月　プランターに種をまく】**

適当な量の種を、重ならないように均一にまきます。長さが60センチ程度のプランターなら、20～30粒。あまり深く埋めずに、軽く土をかぶせるくらいにします。

えごまは乾燥していると発芽しないので、種をまいた後は十分に水を与えます。日陰でも育ちますが、できれば日当たりのよい場所で育ててください。

5日～8日ぐらいで発芽します。生長の悪いものは間引きします。茂りすぎると日当たりや風通しが悪くなるので、生長にしたがって何度か間引きし、最終的には3～4本を実の収穫まで残すよう

7月　8月　9月　10月　11月

にします。間引きしたえごまは葉の料理として食卓へ。

**【7月～9月　葉の収穫】**

えごまは水分の多い土質を好みますが、ある程度生長すると乾燥に強くなります。水やりは3日に1回程度、葉がしおれない程度で十分です。余分な雑草は抜き取って下さい。

夏の間は伸びてきた枝葉から、適当に葉を摘み取って料理に活かしてください。ただし、あまり葉を取りすぎると実をつけないこともあるので丸坊主にはしないでください。

ひょろひょろと伸びてしまいそうな場合は摘心する（伸びている枝の先端部分を切り取る）ほうがよいでしょう。実へ行く栄養分を確保するためにも、あまり伸ばしすぎないことが必要です。

**【9月～11月　開花と実の収穫】**

9月以降になると開花し、自然に受粉して、結実します。その後茎がしだいに枯れてきますが、収穫時期は、熟した花穂に触れると実が簡単にこぼれるころが目安になります。花穂を切り取って乾燥させ、ビニール袋などの中で振って実を集めます。収穫から乾燥まで、実はとてもこぼれやすいので注意してください。集めた実はゴミなどをとってよく乾燥させて保存しましょう。

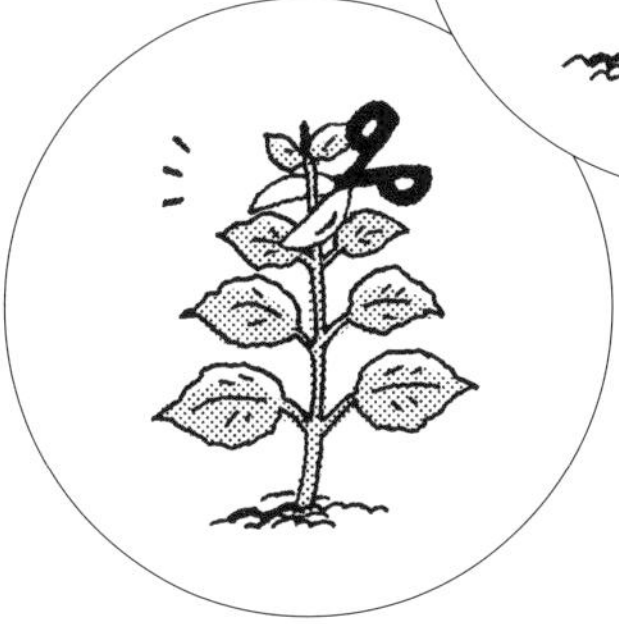

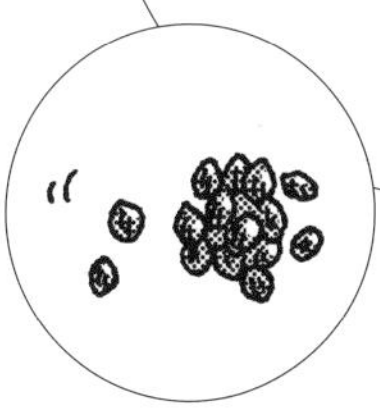

# 私の「エゴマ事始め」

ジャーナリスト 秋山豊寛

「何だかシソみたいですね」。私がはじめてエゴマという植物を見た時の印象です。定植して二週間ほどということでしたが、三十センチほどに育ったエゴマは、七月の青空に向って枝を広げはじめていました。

葉を一枚ちぎって匂いをかいでみますと、シソより濃密で、少しクセのある香りです。「この匂いは、ウシやウマが避けるから、昔は畑のまわりに植えたものだ」とのこと。東北は阿武隈山地の、ほぼ真ん中にある滝根町で農のある暮らしをはじめた時、私は町内の佐藤今朝一さんという、十七歳の時から五十年間農業一筋という「筋金入りの農家」と出会い、私の農家暮らしの師匠になってもらっていたのです。その今朝一師匠のエゴマ畑を見せてもらったというわけです。

私が東京から移り住んだ滝根町では、その頃すでに「ねりじゅうねん」という名でエゴマの実をすりつぶして味付けしたものを小さなビンに詰めて「商品化」していました。今朝一師匠によりますと、この地域では、エゴマのことを「じゅうねん」と呼んで、昔からずっと自家消費用に畑の端に少しずつ育ててきたのだそうです。すり鉢ですり、和え物にしたり、モチをついた時には「じゅうねんモチ」にして食べていたと言います。何故「じゅうねん」と呼んでいるのか聞いてみますと、「これを食べると十年は長生きできるから」とのこと。エゴマが健康に良いことを、この地域に暮らす人々は、経験的に知っていたようです。

畑を見せてもらったあと、すぐには自分も育ててみようという気にはなりませんでした。農家新入生としては、この季節は田の草取りに追われ、それどころではないという気分だったためです。それでも、エゴマはシソ科の植物だから、エゴマを植えた近くにシソを植えてはいけない、シソと交配するとエゴマのタネがかたくなってしまうから、といった知識は、師匠からの直伝として頭の端に入っていました。

ところが、その後数年経って「エゴマ油はびっくりするほど体に良い」という科学的分析に基づく情報がもたらされました。

山を三つほど越えた地域に暮らしている村上周平さんが、今朝一師匠と一緒に私の家を訪ねてきました。村上さんは当時、隣の船引町の有機農業研究会の代表をしていて、無投薬養鶏をやりながらヒエやキビなど雑穀も栽培しており、何度か彼の圃場を見せてもらったことがありました。

その村上さんが「実は、エゴマの普及運動をはじめようと思う。相談に乗ってほしい」と言うのです。村上さんの話はこんな具合です。

コメも野菜もタンパク質も自給できるようになったが「油脂」については何ともできないでいた。ところが、足元にエゴマという最良の油脂原料があることがわかった。名古屋の奥山治美先生という油脂の研究家が、αリノレン酸を多量に含む「シソ油」をすすめているが、この「シソ油」と「エゴマ油」は同じ成分。だから、この最良の油脂原料を自給できれば問題は解消、というわけです。

その頃、サラダオイルなどの原料になっている大豆やコーンの遺伝子組換え技術が実用化され自然環境への影響を含めその問題点が指摘されはじめていました。日本の大豆の九割以上が外国産です。その七割は油脂原料ですから、良質の油脂原料が国内で自給可能なら日本の食糧自給率そのものの向上にも役立つというわけです。村上さんは「昔はエゴマは日本中で栽培されていたわけだから全国に普及する可能性はある」。搾油機については、役場で買ってくれなければ、自分の生命保険を解約して搾油機を買うつもり、と本気です。

この日「日本エゴマの会」を立ち上げることになり、私も「生産者会員」としてエゴマ栽培に取り組むことになりました。今朝一師匠の指導よろしきを得て、エゴマの栽培そのものは順調でした。ところが、これは「大変だ」と思いはじめたのは、収穫時期の判断です。あまり長く畑に置くと、実が落ちてしまいます。コメの収穫が終わった十一月の晴れた日に、畑の端にビニールシートを張って作業開始。その上に刈ったエゴマを積み上げ、棒で叩いて実を落とします。シートの上の実を集め、ふるいにかけて大きなゴミを取り除き、次に唐箕にかけてゴミを飛ばします。エゴマの実は軽いので、風の送り方に一工夫が必要。更にふるいにかけて水洗い。アミ戸に広げて干して、またゴミ取り。これでＯＫになります。それにしても、手間がかかります。作業するたびに身体がエゴマの匂いで一杯。作業しながらアロマセラピーを受けている感じでもあります。

実は、生産者会員と言っても、私は自分で育てたエゴマの実を売ったことはありません。自分が手間ヒマかけたエゴマの実に、キロいくらと値段をつけられるのは、かなりつらい気分になるからです。キレイになったエゴマを自分ですり、自分で育てた野菜と和えたり、生搾りした油を新鮮なトマトやキュウリ、レタスにかけて食べる美味しさ。これぞ究極のゼイタクです。

# えごまで元気！～島根県川本町から

島根県川本町では現在、町をあげてえごまの特産品化に取り組んでいます。

そもそもの発端は、現在の「川本エゴマの会」会長である竹下禎彦さんが、平成14年に飛騨高山の朝市で「あぶらえ」と書かれたえごまに出会ったことに始まりました。

当時は川本町の誰一人「えごま」というものを知りませんでした。

竹下さんはえごまについていろいろと調べ、大変健康によいものであることを知りました。また、えごまは生命力が強く他の作物に比べ簡単に栽培でき、休耕田対策になるなど、中山間地域の農家には非常によい条件を備えていると考えました。

平成15年には広島県福富町にて全国エゴマサミットが開催され、そこでえごまの機能性や栽培方法、料理方法などを知り、本格的な栽培に取り組むようになりました。

竹下さんは「この大変からだによいえごまを食べてみんなが健康になって欲しい」と強く思い、川本町内の方にすすめて回りましたが、当時、認知度の全くなかったえごまを受け入れてくれる人はほとんどいませんでした。それでもえごまの種子を配布したり、料理教室を開催したりと地道に活動を続けることで、徐々に理解者が増えていったのです。

そして平成17年、町会議員の手助けなどもあり「川本エゴマの会」が発足しました。また島根県がえごまの機能性・効能を認め、さまざまな部分での支援をはじめたことで、川本町も本気で取り組みをはじめました。

川本町は料理教室や学校給食へえごまを組み入れたり（地産地消活動・食育推進）、耕作放棄地対策にもなることから転作奨励金を出したり、全国エゴマサミットを川本町で開催したりとえごまの認知度向上をバックアップしました。

また、島根大学医学部と川本町が「えごまがからだにどれぐらいよいのか」について共同研究を行ないました。

　このような取り組みを行なった結果、現在では町民のほとんどがえごまを知っており、えごま春巻きやえごま焼酎など飲食店でもえごま料理が出されるなど、日常的にえごまを食べるようになってきました。それにともなって栽培面積、栽培農家数、商品販売額も増加し、着実に町の特産品へと定着しつつあります。そして、生産者・行政・研究機関・企業が連携して、えごまに取り組む体制が構築されました。

　これはひとえに、竹下さんの「えごまを食べてみんなが健康になって欲しい」という思いが町民、行政などを動かした結果と言えます。平成22年度には島根えごま振興会も設立されます。島根県内でのえごまの栽培を促進し、関係機関と情報を共有しながら、「島根のえごま」としてブランド化を図る取り組みも始まります。これといって確立された特産品がなかった町が、えごまによって一つの目標を持ち、確実に歩みを進めています。

　竹下さんをはじめ川本町では、「えごまの食文化」を創り、全国の方々が知り、食べ、そして健康になって欲しいと心から望んでおります。

　今回出版するこの本が、その後押しを少しでも出来れば非常に光栄と思っております。

## 農業には素人だった土建会社が、えごまの無農薬栽培に挑戦

川本町に本社がある土木会社「オーサン」は、長引く不況と公共事業の減少の中で、地域が自分の力で豊かになる道を求めて農産部を設立しました。会社にとっては生き残りのための多角経営化ですが、それは同時に地域の高齢者を中心とした雇用の創出であり、耕作放棄地の減少にもなっています。「川本エゴマの会」の竹下禎彦会長からえごまについて教えられ、その健康効果に非常に興味を持ち、えごまの栽培を始めました。素人の無農薬栽培は困難の連続でしたが、様々な方のバックアップにより今では8ヘクタールもの畑で栽培するまでになりました。

同時にえごま油やパウダーなどの製品も開発し、地元から全国へ販路を開拓しようと張り切っているところです。食べて安全でおいしく健康になるえごまで、会社も地元もいっしょに元気になりたいと思っています。

〈オーサンのえごま商品セット〉
えごま油・煎りえごま・えごま青汁（パウダー）

[えごま関連製品のお問合せ先]
**株式会社 オーサン 農産部**
〒696-1225
島根県邑智郡川本町南佐木282-1
TEL:0855-74-0616
FAX:0855-74-0618
http://www.o-san.co.jp/

# 日本エゴマの会について

えごま種子は食経験が長く(縄文以来)、これをつかった各種の食品による健康づくり、町おこしが、各地ですすんでいます。日本エゴマの会は多くの支部があり、メンバーは有機栽培、低農薬を心がけ、地産地消(その地で作ったものをその地で消費する)による健康づくりに取り組んでいます。毎年、日本エゴマの会全国大会が開催され、栽培法、搾油法、調理法、体験談などの報告や講習、講演が開かれています。種子の入手、栽培法、搾油など、えごまに関する情報については、事務局あるいは最寄の支部に問い合わせてください。

| 名　称 | 代表者 | 郵便番号 | 住　所 | 電話番号 | 取扱商品名 |
|---|---|---|---|---|---|
| 青森エゴマの会 | 松林　カヲル | 039-2125 | 青森県上北郡おいらせ町三本木111-8 | 0178-56-3501 | えごま油、えごま実 |
| 秋田エゴマの会 | 佐藤　喜作 | 018-0402 | 秋田県にかほ市平沢前谷地239 | 0184-36-3338 | えごま油、えごま実 |
| 衣川エゴマの会 | 鈴木　育男 | 029-4332 | 岩手県奥州市衣川区古戸242-4 | 0197-52-3820 | えごま油、えごま実 |
| 沢内エゴマの会 | 佐々木もとむ | 029-5614 | 岩手県和賀郡西和賀町沢内太田8-66 | 0197-85-2045 | えごま油、えごま実 |
| 車澤エゴマの会 | 浅野　賢 | 981-3625 | 宮城県黒川郡大和町吉田字奈良梨11 | 022-347-2030 | えごま油、えごま実 |
| 丸森町じゅうねん研究会 | 佐藤　岩雄 | 981-2162 | 宮城県伊具郡丸森町除北48-3 | 0224-72-2446 | えごま油、えごま実 |
| 戸沢村エゴマの会 | 矢口　浩 | 999-6402 | 山形県最上郡戸沢村大字蔵岡160-1 | 0233-72-3758 | えごま油、えごま実、えごま茶 |
| 白鷹エゴマの会 | 大内　文雄 | 992-0832 | 山形県西置賜郡白鷹町荒砥乙2101 | 0238-87-2064 | えごま油、えごま実 |
| つしまエゴマ研究会 | 高橋　俊正 | 979-1756 | 福島県双葉郡浪江町下津島字松木山 22-1油工房 | 0240-36-2587 | えごま油、えごままんじゅう |
| 奥会津・金山エゴマの会 | 栗城　栄二 | 968-0014 | 福島県大沼郡金山町玉梨居平586 | 0241-54-2698 | えごま油、えごま実 |
| 只見町健康エゴマ研究会 | 藤田　力 | 968-0421 | 福島県南会津郡只見町只見字宮前1331 | 0241-82-2417 | えごま油、えごまみそ |
| えごまねっとわーくじゅうねん会 | 渡部　芳男 | 965-0003 | 福島県会津若松市一箕町八幡滝沢4-2 | 0242-24-7282 | えごま油、えごま実、えごまパン |
| 万葉の里国際じゅうねん会 | 小林　吉久 | 979-2453 | 福島県南相馬市鹿島区小池善徳128 | 0244-46-4014 | えごま油、えごま実 |
| 山木屋エゴマの会 | 菅野　トミ子 | 960-1501 | 福島県伊達郡川俣町山木屋字大沢山 1-7 | 024-563-2446 | えごま油、えごま実 |
| はなわ町エゴマの会 | 生方　清寿 | 963-5402 | 福島県東白川郡塙町常世北野水元211 | 0247-43-2825 | えごま油、えごま菓子 |

| 名　称 | 代表者 | 郵便番号 | 住　所 | 電話番号 | 取扱商品名 |
|---|---|---|---|---|---|
| 日本エゴマの会<br>事務局 | 村上　守行 | 963-<br>4543 | 福島県田村市<br>船引町中山田代380-4 | 0247-<br>86-2319 | えごま油、えごま<br>実、えごま茶、えご<br>まみそ、えごません<br>べい、えごまパウ<br>ダー、えごま石鹸 |
| にいがたエゴマの会 | 須永　隆夫 | 959-<br>1924 | 新潟県阿賀野市畑江50 | 0250-<br>62-0110 | えごま油、<br>えごま実 |
| 鉾（ほこ）エゴマの会 | 中根　芳男 | 949-<br>1331 | 新潟県糸魚川市大沢375-2 | 025-<br>566-4753 | えごま油、<br>えごま実 |
| 魚沼エゴマの会 | 清塚　正伸 | 946-<br>0021 | 新潟県魚沼市佐梨1048-8 | 0257-<br>92-0908 | えごま油、<br>えごま実 |
| 阿南エゴマプロジェクト | 永田　宗則 | 399-<br>1504 | 長野県下伊那郡<br>阿南町西條1455 | 0260-<br>22-2566 | えごま油、<br>えごま実 |
| 安曇野エゴマクラブ | 津村　孝夫 | 399-<br>8103 | 長野県安曇野市<br>三郷小倉350-5 | 0263-<br>77-2507 | えごま油、<br>えごま実 |
| 駒ヶ根エゴマ研究会 | 寺沢　　肇 | 399-<br>4321 | 長野県駒ケ根市<br>東伊那2072-1 | 0265-<br>83-5609 | えごま油、<br>えごま実 |
| 桐生エゴマの会 | 大西　孝政 | 376-<br>0042 | 群馬県桐生市堤町2-10-34 | 0277-<br>20-8525 | えごま油、<br>えごま実 |
| エゴマの会サクシード | 松島　敏夫 | 376-<br>0305 | 群馬県みどり市<br>東町小夜戸232 | 0277-<br>97-3416 | えごま油、<br>えごま実 |
| 茂木エゴマの会 | 三村　卓久 | 321-<br>3598 | 栃木県芳賀郡<br>茂木町大字茂木155 | 0285-<br>63-5634 | えごま油、<br>えごま実 |
| 東海村エゴマ<br>生産研究会 | 村上　　孝 | 319-<br>1102 | 茨城県那珂郡東海村<br>石神内宿835 | 029-<br>282-9104 | えごま油、<br>えごま実 |
| 美濃白川エゴマの会 | 服部　圭子 | 509-<br>1222 | 岐阜県加茂郡<br>白川町下佐見1592 | 05747-<br>6-2725 | えごま油、えごま実、<br>えごまドレッシング |
| ゆりかエゴマ研究会 | 別府　秀彦 | 514-<br>1297 | 三重県津市久居一色町1865 | 059-<br>252-1112 | えごま油、えごま実、<br>えごまドレッシング |
| 東広島・福富エゴマ会 | 井上　光徳 | 724-<br>0203 | 広島県東広島市<br>福富町久芳 2827-1 | 0824-<br>35-3301 | えごま油、えごま実、<br>えごまドレッシング、<br>えごま菓子、えごま餅 |
| 世羅エゴマの会 | 年宗　フミエ | 729-<br>6711 | 広島県世羅郡<br>世羅町黒川 1-2 | 0847-<br>37-1585 | えごま油、<br>えごま実 |
| 広島エゴマの会 | 道下　貞登 | 729-<br>5501 | 広島県庄原市<br>東城町小奴可492-11 | 0847-<br>75-0405 | えごま油、えごま実、<br>えごま菓子、えごま餅 |
| 神石高原<br>エゴマ搾油の会 | 伊勢村 正治 | 729-<br>3601 | 広島県神石郡<br>神石高原町相渡2388 | 0847-<br>86-0819 | えごま油、<br>えごま実 |
| 奥出雲エゴマの会 | 安部　明信 | 699-<br>1802 | 島根県仁多郡<br>奥出雲町大呂851-2 | 0854-<br>52-0762 | えごま油、<br>えごま実 |
| 島根えごま振興会 | 島田　義仁 | 696-<br>8501 | 島根県邑智郡川本町大字川本<br>545-1 川本町役場産業振興課内 | 0855-<br>72-0636 | 情報共有<br>ネットワーク |
| 川本エゴマの会 | 竹下　禎彦 | 696-<br>1224 | 島根県邑智郡<br>川本町三原149-6 | 0855-<br>74-0607 | えごま油、<br>えごま実 |
| 楠エゴマの会 | 森部 登美子 | 757-<br>0216 | 山口県宇部市船木原 | 0836-<br>67-0420 | えごま油、<br>えごま実 |

〈著者略歴〉

著 者：田 中 敦 子（たなかあつこ）

（P8〜63 執筆・料理作成）

フードコーディネーター。鳥取短期大学非常勤講師、NHK米子文化センター講座講師、山陰中央新報文化センター講師。日本フードコーディネーター協会正会員、島根県産品支援アドバイザー、「食と農の応援団」団員。

「あつこクッキングスタジオ」を主宰、山陰のテレビ・ラジオ・雑誌または各種企業において、商品開発、料理レシピ提供や、旬の食材のおいしさを引き出すコツを教える。

「地産地消」をテーマに島根県の特産品メニュー開発に参加。青森、山形の特産品作り、信州「鯉料理」のメニュープランニングなど地域ブランド作りも手がける。

企 画・編 集：㈱ オ ー サ ン （詳しくはP76を参照）


元気が出る えごま料理

油も実も葉もおいしい

---

2010年3月15日　第1刷発行

企画・編集　㈱オ ー サ ン

著　　　者　田 中 敦 子

---

発 行 所　社団法人 農山漁村文化協会

郵便番号　107-8668 東京都港区赤坂7丁目6-1

電 話　03(3585)1141(営業)　03(3585)1145(編集)

FAX　03(3585)3668　振替 00120-3-144478

URL http://www.ruralnet.or.jp/

---

ISBN978-4-540-10131-1

製作／㈲ダグ・プレゼンツ

〈検印廃止〉

印刷／㈱光陽メディア





製本／笠原製本㈱

Printed in Japan

定価はカバーに表示

乱丁・落丁本はお取り替えいたします。